ALTIN YUMURTLAYAN TAVUK

YAYIMLAYAN : POLAT KİTAPÇILIK

TEKNİK YÖNETMEN : AHMET POLAT

DERLEYEN : ÖYKÜ ZERREM

RESİMLEYEN : ERCAN DİNÇER

DİZGİ : ŞEBNEM ORUÇ

FİLM VE MONTAJ : MAT YAPIM

BASKI : UMUT MATBAACILIK

ISBN : 975-6687-08-8

POLAT

KİTAPÇILIK

TİCARET LTD. ŞTİ.

Ankara Caddesi No: 89 34410 Sirkeci - İSTANBUL

Tel: (0212) 519 52 82 - 513 81 06 - 513 50 93 - 94 Fax: (0212) 512 37 78

e-mail: polatkitapcilik@superonline.com

web sayfamız: www.polatkitap.com.tr

Çok eskiden fakir mi fakir, bir köylü varmış. Bu köylünün hayatta hiç bir şeyi yokmuş. Çalışkan, iyi huylu bir adammış ama ne yazık ki, bunlar para etmiyormuş.

Günlerden bir gün, köyün zenginlerinden biri, bizim köylüyü yanına çağırmış.

— Sen iyi ve çalışkan birisin. Al şu parayı, git kendine bir tavuk al. İşte sana sermaye. Bakalım bununla neler yapacaksın, demiş.

Köylü hemen pazarın yolunu tutmuş. Gezmiş dolaşmış, elindeki paraya göre güzel bir tavuk satın alıp, köye dönmüş. Çok mutluymuş, artık onunda bir tavuğu varmış. Bütün gece hiç uyumamış. Sabahı zor etmiş. Gün daha ışımadan, dayanamayıp kümese gitmiş. Hayatta sahip olacağı ilk yumurtayı, bir an önce görmek istiyormuş.

Ertesi gün koşarak, sevinçle gittiği kümesten boynu bükük dönmüş. Çünkü tavuk yumurtlamamış. O günü bekleyerek geçirmiş zavallı köylü. Ama her aklına geldiğinde, soluğu kümeste alıyormuş. Ve her defasında da, eli boş dönüyormuş.

Ertesi sabah, köylü gene büyük bir merakla koşmuş kümese. Ama sonuç gene aynıymış. "Ne şanssız adamım ben ya!" diye söylenmiş kendi kendine. "Aldığım tavuk bile yumurtlamıyor!!!"

Günler günleri kovalamış. Köylü her gün, yılmadan kümese gidiyor ama elleri hep boş dönüyormuş.

"Bu tavuğu alalı, tam bir hafta oldu. Ben hala bir yumurta bile göremedim. Kessem mi ben bu tavuğu?" diye düşünmeye bile başlamış sonunda.

O sabah da gene gitmiş kümese. Ama artık ümitli ve neşeli değilmiş. Alışkanlık olarak gittiği kümesten, bu kez çığlık çığlığa dışarı fırlamış.

— Olamaaaz! Bir mucize bu! Allahım sana şükürler olsun! diye avaz avaz bağırıyormuş.

Onu bu halde görenler;

— Zavallı adam. Çıldırdı sonunda... diye konuşuyorlarmış aralarında.

Şanslı köylünün bağırma sebebi; kümesteki tavuğunun, sadece yumurtlamış olması değilmiş elbet. Bu tavuk som altından bir yumurta vermiş köylüye. Artık tüm sıkıntıları, kederleri bitmiş şanslı köylünün. Bir anda köyün en zenginleri arasına girivermiş bizimki.

Onun tavuğu, diğer tavuklar gibi her gün yumurtlamıyormuş. Haftada bir yumurta veriyormuş sahibine. Ama onun bir yumurtası, diğerlerinin ömürleri boyunca yumurtladıkları yumurtalardan bile, daha değerliymiş.

Şanslı köylü, her hafta bir altın yumurta alıyor, onu hemen kuyumcuya götürüp satıyormuş. Aldığı paraları da orada, burada harcayıp bitiriyormuş. Hayatta hiç bir şeye sahip olamamış köylü, sadece her istediğini alabilmenin, tadını çıkartıyormuş. Onun bu halini gören dostları;

— Bak bu kadar para harcama. Bunun sonu yok. Kendine gel, diyerek onu uyarmaya çalışıyorlarmış.

Ama o tüm bu söylenenlere kulak asmadan, paraları har vurup, harman savuruyormuş. Herkese de;

— Nasıl olsa benim Altın Yumurtlayan Tavuğum var, diyormuş.

Gel zaman git zaman, köylünün bu harcamalarına, tavuğun haftada bir verdiği yumurta bile yetmez olmuş. Şanslı köylü, adeta paraları bitirmek için çaba gösteriyormuş. Olmadık şeylere para veriyor, işine yaramasa bile her şeyi almak istiyormuş.

Bu savurganlık, sonunda onun aklına başka şeyler, getirmeye başlamış. Ona her şeyi sağlayan tavuğun, yediği yem bile, gözüne çok görünür olmuş.

Daha fazla para istiyormuş. Daha fazla harcamak, daha fazla şey almak. Bu düşünceler ile Altın Yumurtlayan Tavuğu kesmeye karar vermiş. Böylece içindeki hazineye kavuşabileceğini düşünüyormuş.

Sonuçta yapmış düşündüğünü. Ama hayalindeki hazineye kavuşamamış. Olan bizim Altın Yumurtlayan Tavuğa olmuş. Elindekiyle yetinmeyi bilmeyen köylü ise, tekrar eskisi gibi yoksulluğa dönmüş.